AF247997

# Qu'est-ce que la République?

## Jules LEVASSEUR

Prix : 1 franc.

SE VEND :

A BEAUMONT, CHEZ FRÉMONT, LIBRAIRE,
Et chez les autres Libraires des environs.

1874.

# AVERTISSEMENT

J'ai l'honneur de faire observer au public, que j'ai écrit cet ouvrage vers la fin de 1872 et au commencement de 1873. Je me disposais à le publier, lorsque les événements du 24 mai, vinrent me faire différer cette publication. Les agitations qui suivirent, et surtout la loi du 20 novembre, sur la prorogation des pouvoirs présidentiels, m'obligèrent, pour me conformer aux circonstances, à faire des suppressions et des changements, que je regrette beaucoup, parce qu'ils se rapportaient aux points les plus importants, et auxquels je tenais le plus. Enfin, je le donne, tel qu'il est, l'intelligence du lecteur suppléera à ce qui lui manque.

LEVASSEUR, Jules, père.

Décembre 1873.

# MESSIEURS LES REPRÉSENTANTS DE SEINE-ET-OISE

Lorsque j'écrivis cet ouvrage, j'eus l'intention bien arrêtée de le soumettre à votre examen, voulant vous prier de me faire l'honneur de me donner les avis et les conseils qui pourraient m'être nécessaires, sous les rapports légaux principalement ;

Et de me faire savoir si vous daigniez l'honorer de votre approbation, afin de le publier sous vos auspices et de vous la dédier.

A ce titre, je témoigne particulièrement ma reconnaissance à M. Lefèvre-Pontalis, qui a été si souvent injustement attaqué, et dont j'ai éprouvé toute la bienveillance.

Mais, je comprends que pour obtenir une telle faveur, je dois vous faire connaître complétement mes sentiments politiques ; les voici : Je suis partisan sincère de la République démocratique. Mes convictions se sont formées à la lecture de l'histoire des Républiques antiques : Sparte, Athènes, Thèbes et Rome.

Le génie incomparable des Lycurgue, des Solon, les grands caractères des Léonidas, Miltiades, Epaminondas, Thémistocle, Aristide, Démosthènes, Socrate et Platon, chez les Grecs ; des Cincinnatus, Camille, Fabricius, Paul-Emile, Scipion, Brutus et Caton, chez les Romains, m'ont inspiré, ce que je crois être les plus nobles sentiments ; de plus : j'ai comparé les différents gouvernements qui ont régi le Monde depuis l'origine des Temps jusqu'à nos jours, et j'en ai tiré cette conclusion : que le système démocratique, est le seul conforme à la loi naturelle, à la raison, à la justice et conséquemment à l'intérêt général. Ces principes ont donc mes sympathies, ma foi ; je suis persuadé, mais qu'on le sache bien, je ne suis pas opiniâtre, je ne voudrais pas l'être, si je donne la préférence à ce système, c'est que je le crois plus propre que tout autre à réaliser le bien-être public. Mais si on me prouvait que je me trompe, si on me démontrait que je suis dans l'erreur, je serai très-reconnaissant à celui qui me rendrait ce service, et je me rendrais à l'évidence ; d'ailleurs, je déclare que je suis l'adversaire inflexible de tout ce qui peut porter atteinte à l'ordre social qui prime tout système de gouvernement.

On sait que l'ordre social consiste principalement dans le respect de la famille, des personnes, des propriétés, de la liberté religieuse ; dans la fidélité aux engagements, soit écrits ou verbaux, dans leur exacte exécution, et dans l'accomplissement des contrats.

Telle est, messieurs, mon opinion politique ; quant à mes autres sentiments, la lecture de ce petit ouvrage pourra vous les faire connaître complétement, si vous voulez bien vous donner la peine d'en prendre connaissance, ainsi que je le désire. C'est alors que vous pourrez apprécier le travail et l'auteur, et que vous déciderez si vous pouvez l'honorer de votre haute protection.

C'est avec l'espoir d'un accueil favorable, que je vous prie, messieurs, d'agréer, s'il vous plaît, l'expression de mes sentiments sympathiques et très-respectueux.

LEVASSEUR, Jules.

Beaumont-sur-Oise, 15 mai 1873.

# PRÉFACE

J'avertis le lecteur, qu'il ne trouvera dans cet opuscule, aucune des règles de la rhétorique, elles me sont absolument inconnues. Je suis dans ma 58e année, et à l'époque où j'ai été à l'école, on y apprenait à peine à lire et écrire ; je n'y ai jamais vu une grammaire.

D'ailleurs, ce n'est pas pour les savants. les rhéteurs, les académiciens, que j'écris, mais pour la masse du peuple, dont le plus grand nombre est encore, je crois, plus ignorant que moi; si je puis leur être utile et par là servir mon pays, j'aurai réalisé mon intention. Néanmoins, si je ne consultais que mon peu d'érudition et la voix de la prudence, certes, je n'entreprendrais pas de traiter une question qui est beaucoup au-dessus de mes forces; question de laquelle dépend le sort de notre chère Patrie, si cruellement éprouvée, et dont l'avenir est si peu assuré.

Je comprends qu'une telle prétention ne devrait pas venir à la pensée d'hommes obscurs et insuffisants comme je le suis ; mais lorsque j'en vois tant d'autres plus capables et plus autorisés que moi qui pourraient le faire et qui ne le font pas, lorsque depuis l'établissement du suffrage universel, nous avons vu et entendu tant de candidats, d'orateurs de toutes opinions, parler toujours de République. de Democratie, sans qu'aucun d'eux. il me semble, n'ait expliqué clairement ni complétement la signification de ces mots, si mal interprétés, à dessein. par les uns, si mal compris par les autres. la mauvaise foi des premiers et l'ignorance des seconds, étant la cause de l'état précaire du gouvernement actuel de la France.

Je me suis dit : Eh bien ! j'essayerai de le faire, pas bien, sans doute, mais mon exemple stimulera peut-être l'émulation de tant de citoyens plus instruits. qui pourraient rendre un grand service au pays, en détruisant des erreurs graves, qui, si elles subsistaient longtemps encore, pourraient être la cause d'incalculables malheurs.

J'ai médité mûrement ces considérations, et il m'a paru que la nation française, est arrivée à l'un de ces moments suprêmes, où tout citoyen qui comprend la dignité et les obligations de ce titre, tous ceux qui ont à cœur le salut de la Patrie, doivent apporter leur part d'intelligence et d'efforts pour contribuer à sa réorganisation et au maintien de l'ordre social si profondément troublé.

J'ai hésité longtemps à m'imposer cette tâche, sachant ne

pouvoir la remplir que très-imparfaitement, mais le sentiment du devoir l'a emporté sur toute autre considération. Je suis donc résolu ; je dirai tout ce que je pense, le plus clairement et le moins mal que je pourrai. Loin de moi la pensée de chercher à flatter, à plaire à tel ou tel homme, à telle classe de citoyens ; non, mais je respecte également tous ceux qui méritent ce titre, n'importe à quelle opinion ils appartiennent, parce que je suis persuadé que tout homme peut se tromper, et être dans l'erreur de bonne foi.

Je n'ai donc aucune prétention, je ne puis en avoir ; je n'ai qu'une intention : celle d'être utile à tous.

Du reste, je ne fais qu'exercer le droit de tous les citoyens français : d'exprimer leurs pensées par la voix de la presse, en se conformant aux lois, et en respectant les autorités. Ainsi : exciter le dévouement de tous les honnêtes gens pour dissiper les erreurs funestes, les idées fausses que l'on se fait du système démocratique, faire comprendre à tous les Français l'importance de leurs droits et surtout de leurs devoirs, par ce moyen, soutenir le gouvernement, raffermir l'autorité, rétablir la confiance, concourir au respect de l'ordre social et conséquemment à la prospérité publique, tel est le but que je me suis proposé. Cependant, je prévois que cette œuvre me suscitera bon nombre d'ennemis, malveillants, jaloux du bien que je m'efforce de faire ; je m'y attends, je ne serai donc pas surpris ; mais j'espère que je serai approuvé par tous ceux qui aiment sincèrement leur pays. Quoi qu'il en puisse être, il me restera toujours le sentiment d'avoir voulu remplir un grand devoir, et cette récompense me suffira.

Mai 1873.

LEVASSEUR, Jules.
Ouvrier passementier, à Beaumont-sur-Oise, rue des Veaux, n° 22.

# PREMIÈRE PARTIE.

En prononçant ce mot, beaucoup de gens en France s'imaginent qu'ils parlent d'un homme ou d'une femme ; ils ne savent pas encore qu'ils parlent d'eux-mêmes. Les uns ne le prononcent qu'avec mépris, avec effroi, avec horreur. Les autres, au contraire, le prononcent avec insolence, avec menaces et en manifestant des tendances coupables. Les premiers, craignent de tout perdre à ce système, les seconds espèrent tout y gagner. Ils sont tous dans une erreur grave qu'il importe de détruire : la sécurité publique et le maintien de l'ordre de choses actuel est à ce prix. D'abord, essayons de préciser les différentes formes de ce Gouvernement : Lorsque le système a pour base le suffrage universel, que tous les pouvoirs. les dignités. les charges en émanent et que tout citoyen peut y parvenir, alors la République est démocratique, parce que tous les citoyens sont égaux en droits. Autrement, si le système a pour base, soit le suffrage universel, soit le suffrage restreint avec un certain cens, et que tous les pouvoirs, législatif, exécutif, militaire et autres, ne soient décernés qu'à une ou quelque classe de citoyens à l'exclusion des autres, alors la République n'est pas démocratique, parce que tous les citoyens ne sont pas egaux en droits. De sorte qu'un Gouvernement peut porter le nom de République, et être autant et même plus despotique qu'une Monarchie. Le véritable Gouvernement du pays par le pays, ou national, ou démocratique, comme on voudra le qualifier, c'est la première forme indiquée ci-dessus. Ainsi, ce n'est pas le mot qui fait le Gouvernement, mais ce sont seulement les institutions. Les anciennes Républiques de la Grèce comme celle de Rome, subirent à peu près toutes les modifications possible, et elles succombèrent toutes par les mêmes causes, ainsi qu'on le verra ci-après. Je citerai, pour exemple, ces Républiques célèbres, et je rappellerai, le plus brièvement que je le pourrai, leur constitution politique et sociale. Cette dissertation me paraît nécessaire pour le but que je me suis proposé.

A Sparte, ville d'environ dix mille citoyens, il y avait à la tête de la République, deux Rois (dans la suite il n'y en n'eut qu'un), qui transmettaient le trône à leurs descendants ; de plus, il y avait un Sénat nommé à vie par le peuple ; plus tard, on nomma des Ephores, qui étaient réélus tous les ans, espèce de magistrats populaires qui gouvernaient, conjointement avec le Sénat et les Rois. On le voit, ces différents pouvoirs n'avaient pas le même fondement; les Rois étaient héréditaires, les Sénateurs et les Ephores étaient le produit de l'élection. Cette diversité d'origine était la cause d'oppositions de vues, d'intérêts, de rivalités et de tiraillements inévitables qui tenaient l'Etat dans l agitation, et préparaient ainsi la ruine de la République. Quant à leur organisation sociale, les Spartiates vivaient en communauté, mais ce système ne dura pas toujours. On avait distribué à chaque citoyen une portion égale du territoire de la République. Les Ilotes (malheureux esclaves qu'ils avaient soumis par la guerre), travaillaient pour eux, cultivaient leurs terres et les servaient en toutes choses. Les citoyens ne travaillaient pas, leur seule occupation était de faire la guerre au besoin, et ils passaient le reste de leur temps dans l'oisiveté. Cependant, tant qu'ils observèrent les lois de Lycurgue, leur législateur, ils furent le peuple le plus vertueux de l'antiquité. Leurs principales qualités étaient : le dévouement à la patrie, le mépris de la mort et la sobriété. Chez eux, l'ivresse était une ignominie ; pour en inspirer plus d'horreur, ils enivraient quelquefois un esclave, et le donnaient en spectacle à la ville dans ce honteux état; on verra bientôt comment cette République succomba.

La République d'Athènes avait, pour la gouverner, un ou plusieurs Archontes; magistrats qui étaient réélus tous les ans. De plus, l'Aréopage, tribunal suprême d'Athènes, était chargé de veiller au maintien de la constitution, des lois et des mœurs. En outre, il y avait l'Assemblée du Sénat à laquelle on proposait d'abord toutes les grandes questions d'intérêt général : la paix, la guerre, les alliances, les lois, les impositions, enfin les grands intérêts de l'Etat. Après les avoir examinés et discutés à loisir, ils les rapportaient à l'Assemblée générale de la Nation, qui en décidait souverainement. Ce moyen de résoudre les affaires, était possible dans un petit Etat comme celui d'Athènes, où il y avait à peu près vingt mille citoyens; mais dans un plus grand, surtout comme ceux d'aujourd'hui, ce système serait impraticable.

La constitution politique et sociale de cette République, différait sensiblement de celle de Sparte, cependant, à son origine, le territoire avait été partagé de même entre tous les citoyens. Pour maintenir cet état de choses, les lois de Solon prescrivaient des bornes aux acquisitions que les particuliers pouvaient faire, et enlevaient les droits au citoyen qui avait vendu ses possessions, hors le cas d'une extrême nécessité. C'est pour cela que les citoyens pauvres avaient bien encore le droit de suffrage, mais étaient exclus de tous les emplois. Ces lois assignaient l'infamie à l'oisiveté, ceux qui ne travaillaient pas et qui ne pouvaient justifier de leurs moyens d'existence.

étaient regardés comme des malfaiteurs et privés de leurs droits de citoyen. Enfin les mœurs étaient considérées comme le plus ferme soutien de l'Etat, et la censure en était confiée au Sénat de l'aréopage composé des citoyens les plus austères de la République Je ne ferai pas l'énumération de toutes les lois de Solon, véritable fondateur de cette République; je dirai seulement que sa législation forme la base et la meilleure partie de nos Codes. J'ajouterai que les préceptes de ce sage ont toujours été et sont encore de nos jours plus que jamais, la règle des meilleurs législateurs. Du reste, on sait que l'ancienne Grèce a donné naissance aux génies les plus extraordinaires en tous genres, qui ont porté les conceptions de l'esprit humain à un très-haut degré de perfection, et doté le monde de chefs-d'œuvre impérissables. C'est toujours avec admiration que l'on prononcera les grands noms de Lycurgue, Solon, Léonidas, Epaminondas, Aristide. Thémistocle, Périclès, Socrate, Platon, Aristote et tant d'autres. Pour terminer cette dissertation sur les Républiques grecques, je crois devoir dire qu'à leur origine elles étaient pauvres; mais que plus tard, Sparte et Athenes particulièrement, étaient devenues extrêmement riches par le butin fait sur les ennemis, et par les impôts qu'elles levaient sur une foule de petits Etats de la côte d'Asie, et des îles de la Méditerranée soumises à leur domination.

Je ferai remarquer ici, que ces Républiques fameuses avaient eu pour fondateurs les législateurs les plus célèbres ; elles possédaient les philosophes les plus sages, les moralistes les plus éclairés. Pourquoi avec de si puissants moyens de prospérité, n'ont-elles pu se maintenir, pourquoi ont-elles été subjuguées, détruites? Je réponds que l'on peut attribuer leur chûte, principalement à l'esclavage qui existait alors, et qui entretenait l'oisiveté à peu près générale; et puis, il faut bien le dire, à des causes que l'on peut certainement amoindrir, mais que l'on ne peut détruire : Les hommes de ce temps-là, étaient semblables à ceux d'aujourd'hui. ils avaient les mêmes penchants, les mêmes défauts, les mêmes vices et ils étaient aussi difficiles à gouverner. Néanmoins, tant qu'ils furent assez raisonnables pour se conformer aux lois de leurs sages législateurs, Lycurgue et Solon, ils eurent de bonnes mœurs, et par ce moyen, parvinrent au sommet de toutes les grandeurs. Mais, lorsqu'ils se furent enrichis par la guerre, la corruption devint générale ; le luxe, la somptuosité des repas, les débauches de toutes sortes n'eurent plus de bornes; les lois furent foulées aux pieds. Puis, les rivalités, les jalousies survinrent entre ces différentes Républiques, il en résulta des luttes acharnées, des guerres desastreuses; ces divisions les livrèrent toutes à la domination de Philippe et de ses successeurs. rois de Macédoine. Plus tard, vinrent les Romains qui les subjuguèrent à leur tour, ainsi qu'à peu près tous les peuples connus à cette époque.

Nous arrivons maintenant, à l'examen de cet Etat romain, le plus renommé qui ait jamais existé. Après avoir essayé du systême de la Monarchie élective sous sept Rois, depuis Romulus jusqu'à Tarquin-le-Superbe, les Romains se constituèrent définitivement en République.

La souveraineté résidait dans l'Assemblée générale de tous les citoyens, qui déléguait ses pouvoirs à deux consuls, qui étaient réélus tous les ans ; ils avaient le pouvoir exécutif, et commandaient en chef les armées. En outre, il y avait l'Assemblée du Sénat, composée des citoyens les plus illustres ; ils étaient nommés à vie. Cette Assemblée avait le pouvoir législatif, et par son influence, disposait à peu près de toutes les charges et de toutes les dignités, quoique pourtant le peuple fût appelé à voter sur toutes. Telle était la constitution politique de cette République. Quelque temps après son établissement, douze magistrats que l'on nomma les Décemvirs, furent envoyés à Athènes pour y étudier les lois de Solon : ils les rapportèrent à Rome ; c'est ce qui fut appelé la loi des douze Tables, et depuis lors, ces lois formèrent le droit romain. Du reste, leur état social se développera de lui-même dans ce qui va suivre.

Les patriciens, la noblesse, étaient en possession de tous les pouvoirs. Les consuls, les sénateurs, les généraux, les magistrats, les grands administrateurs ; tous étaient pris dans cette classe privilégiée. Les plébéiens, le peuple, était sans cesse en hostilité contre cet ordre, à tel point qu'ils refusèrent le service militaire, si on leur refusait de nommer des tribuns, magistrats qui étaient chargés de veiller au maintien de leurs droits et de leurs libertés. Cette satisfaction leur fut accordée. Malgré cela, la bonne harmonie n'exista jamais entre les patriciens et les plébéiens. En lisant attentivement l'histoire romaine, on s'aperçoit évidemment que la révolte de Spartacus, celle des Gracques, la conjuration de Catilina, la rivalité de Marius et de Sylla, celle de Pompée et de César, celle d'Antoine et d'Octave, et enfin les luttes incessantes des tribuns contre les consuls et le Sénat, avaient leur source et leur aliment dans l'antipathie de ces deux classes. Outre cela, la République romaine comme celle de la Grèce, avait un vice capital, elle avait des esclaves qui cultivaient les terres et exerçaient les divers métiers au profit de leurs maîtres.

Les citoyens romains ne travaillaient pas, ils n'étaient occupés qu'à guerroyer pour s'enrichir en pillant les peuples vaincus. Aussitôt une guerre terminée, le plus grand nombre de ces citoyens oisifs, dissipaient en débauches et en peu de temps, les richesses tombées entre leurs mains par la rapine sur les malheureux peuples qui n'avaient pu leur résister. Après avoir follement consommé leurs ressources, ils étaient réduits à l'indigence et à ne vivre que d'expédients ; ils s'attachaient à quelque intrigant, vendaient leurs suffrages à quelque grand qui briguait une charge, une dignité quelconque. Il fallait que cette masse d'hommes désœuvrés trouvât un aliment à leur paresse et leurs débauches. Aussi, à défaut de guerres à

l'extérieur, les conspirations, les révoltes à l'intérieur en tenaient lieu. L'éternelle jalousie des prodigues, des dissipateurs ;
les coupables convoitises de ceux qui ne possédaient pas, contre les hommes d'ordre, les économes, les tempérants, ceux qui
possédaient enfin, amenaient très-souvent des crises redoutables et mettaient la société en péril. Il fallait que l'Etat presque
toujours, subvînt aux besoins de tous ces affamés par leur faute.
On comprend qu'un tel état de choses devait, tôt ou tard, conduire à la chute de la République. Il est même étonnant qu'elle
ait subsisté si longtemps avec d'aussi mauvaises mœurs. Cependant, cette République avait des censeurs, le sage Caton en fut
le plus illustre ; mais leur autorité fut impuissante à contenir le
débordement des mauvaises passions, surexcitées par l'influence délétère des richesses excessives, mal acquises, par la
guerre principalement, et surtout le mauvais usage que l'on en
faisait. Il fallut un maître à ce peuple jadis si jaloux de ses
droits, mais alors dégénéré, corrompu et incapable de se gouverner lui-même. Lorsque César se fut emparé de l'autorité suprême, et que peu de temps après il fut assassiné en plein Sénat,
sans que cette mort eût sauvé la République qui ne continua
d'exister que de nom ; lorsque Octave Auguste, qu'il avait
adopté lui eut succédé et eut affermi sa domination; qu'enfin le
Temple de Janus fut fermé, il semble que ce barbare moyen
d'existence, ce brigandage, ces guerres perpétuelles entre eux
et contre tous les peuples durent cesser. Eh bien, non ! pour le
malheur de l'humanité, cela dura encore plusieurs siècles,
sous la conduite de ces monstres appelés les Empereurs Romains.

On est suffoqué de dégoût, en lisant l'histoire de l'Empire
Romain. Que de conspirations, de révoltes, de guerres civiles,
d'assassinats ; que de crimes ! Sauf quelques exceptions, un
tyran succédait à un autre, il arrivait même très-souvent, qu'il
y en avait plusieurs en même temps. Telle légion nommait son
chef Empereur, telle autre légion nommait le sien. Il en résultait, indépendamment des guerres extérieures, des guerres à
l'intérieur, des massacres de Légion l'une par l'autre ; le Gouvernement sans cesse bouleversé, des provinces saccagées ; et
enfin, la famine et la peste pour complément de toutes ces calamités. Puisque les citoyens Romains ne faisaient que guerroyer soit contre l'étranger, soit contre eux-mêmes, ils étaient
presque toujours hors de leurs domiciles, éloignés de leurs familles qui souvent manquaient du nécessaire ; on se demande
si, avec un tel régime, les populations étaient heureuses.

Mais pour faire diversion à toutes ces misères, pour consoler
la mère de la perte de son fils, l'épouse de la perte de son
mari et les enfants de celle de leur père, les Romains avaient la
ressource des amphithéâtres ; là, on leur donnait les spectacles
les plus horribles que la barbarie ait jamais imaginés. Quelquefois de malheureux esclaves pour une faute très-légère, ou des
prisonniers de guerres, ou des sectateurs de religions dissiden-

tes, juifs et chrétiens surtout, étaient livrés en pâture aux bêtes les plus terribles que l'on connût : des lions, des tigres, des ours des panthères, des serpents, des crocodiles, dévoraient ces malheureuses victimes aux applaudissements des farouches spectateurs.

Il était réservé au christianisme de mettre fin à toutes ces horreurs de l'ancien monde. En effet, lorsqu'au commencement du quatrième siècle, l'empereur Constantin accorda la liberté aux chrétiens, ils s'appliquèrent et contribuèrent puissamment à l'abolition de l'esclavage et de toutes les cruautés exercées jusqu'alors Un nombre incalculable payèrent de leur vie, ce dévouement à l'affranchissement de l'humanité. Deux siècles plus tard, vers l'an 479, l'Empire Romain, qui avait toujours conservé le titre de République, fut supprimé sans retour par les Goths, les Ostrogoths, les Vandales, tous peuples venus du Nord, qui s'emparèrent de Rome et s'établirent définitivement en Italie.

Cependant, le soit disant Empire Romain d'Orient, connu sous le nom de Bas-Empire, et dont la capitale était Constantinople, à travers des guerres continuelles, des bouleversements, des vicissitudes de toutes espèces, dura encore plusieurs siècles ; mais toujours en s'amoindrissant, jusqu'à sa dissolution complète et à l'anéantissement de sa nationalité.

Pour résumer l'examen de ces Républiques modèles, je ferai observer qu'elles ont dû leur grandeur, leur célébrité à l'excellence de leurs mœurs primitives, qui était le résultat de l'état de médiocrité dans lequel elles sont longtemps restées, et que les lois de Solon voulaient évidemment maintenir, en prescrivant des bornes aux acquisitions que les particuliers pouvaient faire, et en les empêchant de vendre ce qu'ils possédaient. Déjà, dans ces temps reculés, Solon qui avait étudié autant qu'on pouvait le faire à cette époque, était convaincu par l'expérience, que la médiocrité est l'état normal des choses comme des sociétés et des individus, que les conditions extrêmes sont des exceptions et ne sont jamais durables ; il savait que de grands Etats, de puissants Empires, s'étaient écroulés, toujours par les mêmes causes ; il voulait en préserver sa patrie ; il en fut ainsi en effet, aussi longtemps que ses lois furent observées, mais lorsqu'elles furent méconnues, pour Athènes comme pour Rome qui les avait adoptées, il en résulta leur anéantissement comme on l'a vu ci-dessus. Ainsi, les guerres de conquêtes, et par cela même injustes, barbares ; les richesses obtenues par ce moyen, leur mauvais emploi, l'oisiveté qui en résultait, et qui était aussi la conséquence de l'esclavage, qui dans la société payenne était un dogme politique ; telles sont les causes incontestables de la ruine de ces Républiques si renommées, et de tant d'autres états qui ont suivi les mêmes errements.

Aujourd'hui, toutes ces causes ont à peu près disparu, ce n'est plus par le travail des esclaves, par la guerre, par le pillage que les nations acquièrent leurs richesses, et elles en font un meilleur usage. De toutes ces considérations, il ressort clairement que la valeur, la prospérité et la durée d'une nation est en raison de ses bonnes mœurs, que c'est par le travail et la médiocrité qu'elles s'acquièrent et se conservent; qu'elles se détruisent au contraire par l'abus que l'on fait des grandes richesses, en causant une foule de désordres dont le plus redoutable est l'oisiveté, puisqu'elle est la mère de tous les vices. De cette dernière considération, faut-il conclure que l'homme doit travailler jusqu'à son dernier moment, et qu'il faut proscrire les richesses ? Non, mille fois non ! Qui consentirait à cet ostracisme des richesses ? Sans ce stimulant qui enfante les merveilles, ce but où tendent les efforts de tout homme d'ordre, laborieux et intelligent, l'activité humaine s'éteindrait, l'homme reviendrait à la barbarie, ne vivrait qu'au jour le jour, et serait très-malheureux. Les richesses acquises légitimement, et je crois que c'est le plus grand nombre, sont, on ne peut plus respectables : c'est le travail amassé, l'épargne accumulée quelquefois de plusieurs générations ; ce sont les réservoirs précieux, où dans les grandes crises, on trouve les ressources nécessaires pour faire face à toutes les éventualités, pour subvenir à tous les besoins. Enfin de nos jours, l'oisiveté n'est pas la paresse érigée en maxime sociale ; c'est le repos après le travail, la conséquence d'un long et pénible labeur, le résultat de l'ordre, de l'économie et d'une existence bien employée.

Ainsi, on le voit, sous les rapports politiques et sociaux, il n'y a pas de similitude entre le monde actuel et le monde ancien. C'est pourquoi le système démocratique peut être pratiqué et subsister, quoiqu'il ait succombé autrefois.

Malgré cette conclusion, on objectera peut-être que toute chose en ce monde, a son commencement, sa marche ascendante jusqu'à son apogée en passant par toutes les phases qui lui sont propres ; alors commence son déclin, pour revenir à son état primitif. S'il en est ainsi, la France n'a pas encore passé par la phase démocratique ; eh bien, elle est entrée dans ce courant ; il faut qu'elle y vogue ou qu'elle soit submergée !

Elle voguera.

# DEUXIÈME PARTIE.

Ce qui détermine la forme d'un gouvernement, c'est sa constitution : or, c'est ce qui manque à la France en ce moment.
C'est pourquoi il serait difficile, pour ne pas dire impossible, de
donner une qualification quelconque à son gouvernement. Je
ne puis raisonner que sur une hypothèse très-vraisemblable
pourtant, puisqu'elle est adoptée en principe, en attendant
qu'elle le soit définitivement ; je prendrai donc le gouvernement tel qu'il est, en supposant qu'il soit constitué comme il
fonctionne.

Le système par lequel est régie la France actuellement est peut-
être le plus démocratique que l'on puisse imaginer ; le suffrage
universel étant la base la plus large possible et le principe de
tous les pouvoirs  En effet, c'est la nation se gouvernant par
le moyen de ses représentants, librement choisis par elle. Le
souverain de la France, c'est donc la totalité des électeurs ; cependant la majorité peut faire acte de souveraineté comme la
totalité entière.

Tous les électeurs étant éligibles  sans aucune exception de
condition sociale, l'égalité est parfaite entre eux ; l'ouvrier
comme le millionnaire, peut être élu et prétendre aux pre-
mières charges de l'Etat, s'il en est capable et digne. Le suffrage universel étant donné, c'est évidemment pour que toutes
les conditions sociales soient représentées partout, afin que
tout se fasse dans l'intérêt général. A l'atelier, à la charrue,
au comptoir, comme au salon, il ne manque pas d'hommes honorables et capables de représenter leurs concitoyens à l'Assemblée nationale et partout ; cherchons un peu et nous les
trouverons. *Que cela soit bien compris, et surtout mis en pratique* ; car autrement, le suffrage universel serait toujours un
vain mot ; la nation dirait toujours qu'elle est trompée par ses
représentants, parce qu'elle ne serait jamais vraiment repré-
sentée, et ce serait par sa faute, comme cela s'est vu.

Lorsqu'une élection générale ou partielle doit avoir lieu, les
candidats doivent se faire connaître le plus promptement possible, afin que les électeurs, ou au moins leurs délégués puissent
avoir assez de temps pour s'informer exactement des antécé-
dants, de la valeur de ceux qui se présentent à leurs suffrages ;
cette enquête ne doit jamais être négligée. Il est bien entendu
que ces délégués ne seraient pas nommés par les électeurs, ils

seraient des citoyens honorables et de bonne volonté dans les communes où il s'en trouverait, pour aller recueillir des renseignements sur les candidats. Leur mission volontaire serait purement officieuse et n'engagerait en rien la liberté des électeurs, qui voteraient toujours pour qui ils voudraient ; si les candidatures produites ne sont pas convenables, ou s'il ne s'en produit aucune, les comités de la circonscription doivent s'entendre pour faire leur choix. Autant que possible, ces choix doivent être faits parmi les habitants de la circonscription, ou au moins du département qu'il s'agit de représenter ; cela me paraît nécessaire pour que les besoins et les vœux du pays soient parfaitement connus ; il est bien entendu qu'il faut ne pas attendre jusqu'au dernier jour ; huit jours au moins avant l'élection, ce n'est pas trop. Ces précautions prises, les renseignements nécessaires étant acquis, l'élection se fait avec discernement, avec certitude, et doit donner les résultats les plus vrais et plus satisfaisants. Outre cela, sans donner un mandat impératif au représentant, il est indispensable qu'il s'inspire toujours des sentiments de ses commettants qui doivent rester en rapport avec lui, afin qu'il agisse en conséquence ; ces honorables citoyens ne doivent jamais oublier qu'ils sont les serviteurs de la nation ; sinon, la souveraineté nationale serait faussée, et ne produirait jamais ses véritables fruits. Les représentants sont nommés pour la période prescrite par la Constitution que je suppose, 5 ans ; ils peuvent toujours être réélus.

Ici se présente une question qui me paraît de la plus grande importance, et de laquelle peut dépendre l'avenir de la patrie. Beaucoup de monde se demande si les membres des familles qui ont régné sur la France, peuvent recevoir un mandat et remplir une charge quelconque dans l'Etat sous le régime républicain ? Pour ma part, je le crois, puisque cela existe. D'autre part, le service militaire paraissant incompatible avec tout autre emploi, car un militaire doit être à son service, à son poste, et en conséquence il ne peut pas être ailleurs, on se demande si un militaire en activité de service, peut remplir en dehors du service militaire le mandat de représentant à l'Assemblée nationale ; sur ces deux points, je pourrais faire un long commentaire, mais je me borne seulement à poser la question : le lecteur appréciera.

L'Assemblée étant constituée, est permanente ; elle ne peut jamais être prorogée, mais peut-être pourrait-elle être dissoute par un plébiscite, sur la demande formelle et instante des deux tiers au moins des *électeurs* de toute la France, ou des deux tiers des *conseils municipaux* par le moyen de pétitions adressées au Sénat ; en cas de dissolution, cependant, elle reste en fonctions jusqu'au jour de son remplacement par l'Assemblée subséquente. Il en est de même de toutes les autorités, qui restent en fonctions jusqu'à ce qu'il y soit statué par qui de droit. Du reste, cette résolution si grave sera sans doute précisée par la future Constitution. L'Assemblée est dépositaire de tous les pouvoirs, excepté de ceux qui émanent directement du suffrage universel.

Elle fait des lois, elle décide de la guerre, de la paix, des traités d'alliances et de commerce. Elle nomme et peut révoquer les membres du Conseil d'Etat, dont la principale attribution consiste dans l'élaboration des projets de lois qui lui sont présentés par l'Assemblée ; après les avoir examinés et discutés. il les rapporte à l'Assemblée qui en décide souverainement, sauf l'approbation du Sénat, comme on le verra ci-après.

L'Assemblée délègue ses pouvoirs, principalement au Président de la République, qu'elle nomme pour la période prescrite par la Constitution. Elle peut révoquer tous les autres fonctionnaires qui tiennent d'elle directement leur autorité. Les lois constitutionnelles nous apprendront. sans doute, si le Président de la République pourra être révoqué, et en ce cas, s'il le serait par l'Assemblée nationale ou autrement.

Le Président de la République est le premier magistrat de l'Etat; il a le pouvoir exécutif: il gouverne. En conséquence, il nomme les ministres parmi les membres de l'Assemblée nationale; il nomme aussi, dans l'armée, dans l'administration et dans l'ordre judiciaire, tous les principaux fonctionnaires qui doivent concourir avec lui, à l'action gouvernementale; il peut les révoquer. Il promulgue les lois et rend les décrets pour leur exécution.

Quoiqu'il ait son droit d'initiative et son libre arbitre, néanmoins, pour conserver son pouvoir et l'union avec l'Assemblée, il est obligé de gouverner selon les inspirations qu'il en reçoit, ou au moins celles de la majorité; cette condition est indispensable pour éviter les tiraillements et les changements fréquents et périlleux qui en seraient la suite.

Ainsi que je l'ai dit ci-dessus, en ce moment il y a absence de constitution, et par conséquent absence d'une autorité spéciale pour veiller à la conservation de cette loi fondamentale. Mais il est probable que, lorsque la République sera constituée définitivement, il y aura un corps nommé sénat ou autrement pour en être le gardien. Pour être conséquent avec la souveraineté nationale, il me semble que les membres de cette assemblée devront être élus par le suffrage universel direct, et âgés au moins de quarante ans; il pourra y en avoir plusieurs par département, eu égard à la population, soit un par 100,000 habitants, ou par arrondissement; ils pourront être renouvelés partiellement tour à tour, et pourront être réélus. Ils s'engageront par serment. à garantir de toutes atteintes, et à défendre au péril de leur vie le pacte social. L'existence de ce corps conservateur me paraît nécessaire pour préserver la République des éventualités graves qui pourraient se produire. Car, il faut bien le dire, il ne serait pas impossible qu'une Assemblée nationale fit des lois destructives de la Constitution. C'est pourquoi il est, je crois. indispensable qu'il y ait une autorité qui puisse au besoin rappeler les repré-

sentants et la nation même, aux principes de la Constitution.
L'Assemblée nationale ne pourrait donc voter définitivement aucune loi, sans l'avoir auparavant soumise à l'examen et à l'approbation du Sénat qui pourrait l'amender; ensuite, elle serait re-
voyée à l Assemblée nationale qui la rédigerait en dernier ressort, après quoi elle devrait être adoptée par le Sénat, *lorsqu'il
n'y aurait pas causes d'inconstitutionnalité*. Le Sénat pourra
avoir d'autres attributions, particulièrement celle de recevoir et
de statuer sur les pétitions, qui toutes devront lui être adressées, principalement celles qui auront pour motif la dissolution
de l'Assemblée nationale ; cette dissolution ne pourra être pro-
noncée que par le sénat, sur le vu du vote affirmatif du plébiscite sus-dit. Enfin, ses autres attributions, s'il y a lieu, seront
déterminées par la prochaine Constitution.

Les conseillers généraux, d'arrondissement et communaux,
sont aussi les représentants de la nation; ils sont élus par le
suffrage universel pour la période prescrite par la Constitution.
Ils peuvent être suspendus ou dissous par le Président de la
République; dans ce dernier cas, il doit être pourvu à leur remplacement dans les délais fixés. Les électeurs ne sauraient apporter trop de soins pour faire le choix de ces mandataires.
Quoique leur principale attribution consiste dans l'administration des intérêts du département, de l'arrondissement et de la
commune, cependant ils peuvent exercer une grande influence
sur les destinees du pays, en émettant et adressant des vœux à
l'Assemblée nationale, ou à qui de droit, surtout si la supposition que j'ai faite était admise par la future Constitution, à
l'égard de la dissolution de l'Assemblée nationale, sur la demande des deux tiers au moins des conseils municipaux de la
France.

On n'oublie pas que je raisonne sur une hypothèse sur laquelle je pourrais faire de longs développements, mais je me
borne à dire seulement ce qui me paraît le plus important à
savoir.

Je crois avoir énuméré les principaux éléments qui devront
composer le système démocratique qui nous régit. Toutefois,
pour en former le complément, deux conditions sont encore nécessaires. La première, c'est le service militaire obligatoire pour
tous, réellement pour tous, c'est-à-dire que chaque année tous
les jeunes gens de la classe qui seront reconnus aptes au service, seront envoyés en totalité sous les drapeaux et y reste-
ront le temps nécessaire pour en faire des soldats, 3 ou 4 ans,
enfin le temps voulu par la loi. Ensuite, ils seront de la réserve,
renvoyés dans leurs foyers et rappelés au besoin, en commen-
çant par la classe la plus jeune. Tous les citoyens étant soldats
le remplacement est impossible; on ne peut servir pour soi et
pour un autre. C'est ainsi que je comprends le service militaire
obligatoire pour tous ; c'est aussi simple que rationnel ·

La seconde condition c'est l'instruction obligatoire et gratuite
pour tous. Quant à savoir si elle sera donnée par des laïques

exclusivement, ou par des clercs, ou si elle sera libre, si l'enseignement religieux en fera partie intégrante ou s'il en sera séparé ; enfin, si l'Eglise sera séparée de l'Etat, je laisse la solution de cette grave question à nos législateurs constituants. Cependant, sur ce point important, comme sur tout autre, j'ai mon opinion que je pourrai faire connaître en temps opportun.

D'ailleurs, je suis persuadé que l'importance, et la qualité de l'instruction, consiste plus dans les préceptes que dans les précepteurs, et que dans nos écoles, il ne suffit pas que l'on y apprenne à lire, à écrire, et calculer, non, cela ne suffit pas. L'instruction doit être spéciale, démocratique, comprenant les sciences nécessaires pour faire des hommes libres, capables de se gouverner eux-mêmes, et de remplir les fonctions même les plus importantes dont ils pourraient être chargés par les suffrages de leurs concitoyens. Elle devra leur faire connaître leurs droits et la pratique de tous leurs devoirs ; elle leurs inspirera le dévouement et l'amour pour la Patrie ; elle les formera au travail, aux bonnes mœurs, à l'honnêteté en toutes choses. Elle leur montrera l'obligation de respecter et de défendre les principes qui constituent l'ordre social, à savoir : la famille, les personnes, les propriétés, la liberté religieuse, la fidélité aux engagements soit écrits ou verbaux et leur exacte exécution ; enfin l'observation des lois, sans quoi il n'est point de société possible. Du reste, si nous savons fonder un système vraiment démocratique, nous aurons une instruction analogue.

Commençons par la base, par le commencement, les conséquences viendront naturellement.

A l'égard de la religion spécialement, la liberté de conscience existe, chacun peut croire et pratiquer celle qui lui convient, ou ne pratiquer ou ne rien croire du tout. La liberté est donc complète sous le rapport religieux, en respectant la foi, les sentiments d'autrui. Quant à ceux qui pensent qu'une nation civilisée pourrait se passer de religion, ils sont, je crois, dans une erreur profonde, car, sous tous les systèmes de Gouvernement, en tous temps et en tous lieux, les peuples ont eu une religion quelconque, mais ayant toutes l'idée de Dieu pour base. Partant de cette conviction, la religion chrétienne me paraît préférable à toute autre ; rappelons-nous que les principes dont nous voulons nous faire l'application, ont été proclamés par le Christ, et que c'est pour cela qu'il est monté sur le Golgotha ! ! soyons donc conséquents avec nous-mêmes.

Ici, je crois devoir faire connaître mes sentiments religieux : Je déclare donc, que je suis sincèrement chrétien catholique, et que je désire de tout mon cœur mourir tel.

Levasseur, Jules.

---

Pour corrollaire du système qui précède, nous avons la sublime devise : Liberté, Egalité, Fraternité, qui est gravée sur le revers de nos pièces de monnaies, en attendant qu'elle le soit au frontispice de la future Constitution.

C'est ici l'occasion d'expliquer la véritable signification de ces mots tant controversés, si mal interprétés de parti-pris par les uns, si mal compris par l'ignorance et les mauvaises tendances des autres.

### LA LIBERTÉ.

D'abord, qu'est ce que la Liberté ? Une nation est libre lorsqu'elle se gouverne elle-même ; elle se gouverne elle-même lorsque d'elle émanent tous les pouvoirs; c'est absolument la condition dans laquelle nous sommes actuellement. En effet, par le moyen du suffrage universel, la nation délègue ses pouvoirs à l'Assemblée nationale qu'elle nomme et qu'elle peut révoquer, en admettant la supposition que j'ai faite comme on l'a vu ci-devant. De même, l'Assemblée délègue ses pouvoirs, principalement au Président de la République, et autres, ainsi que je l'ai dit Avec ce système de Gouvernement. quand même les lois qui en découlent seraient très-sévères, restrictives mêmes, la nation n'en serait pas moins libre dans toute l'acception du mot. puisque ces lois seraient son ouvrage, l'expression de sa volonté Sous le régime démocratique, les lois sont d'autant plus respectables qu'elles sont plus justes, car, étant la manifestation de la volonté générale. elles sont équitables et dans l'intérêt de tous. Elles sont la sauve-garde de tout ce que la nation a de plus cher et de plus précieux. Celui qui y porte atteinte, attaque la société toute entière, et se révolte contre sa propre volonté ; il doit être sévèrement puni. D'ailleurs, lorsqu'un peuple a l'honneur, l'immense avantage de se gouverner lui-même, il doit, autant que possible, donner l'exemple de toutes les vertus, et avant tout, de l'exacte observation des lois. C'est pourquoi, selon mon opinion, le régime républicain démocratique, doit-être plus austère que tous les régimes monarchiques, puisqu'il a pour but, de rendre les hommes meilleurs afin qu'ils soient plus heureux; or, on ne peut les rendre meilleurs, qu'en les moralisant, et pour les moraliser, il faut d'abord les instruire, ensuite réprimer leurs écarts, corriger leurs mauvais penchants, leurs défauts, leurs vices; enfin agir comme doit le faire un bon père de famille à l'égard de ses enfants. Ainsi, la Liberté n'est donc pas ce que beaucoup trop de gens s'imaginent, par exemple, le droit de faire chacun sa volonté, jusqu'à satisfaire ses mauvaises passions et nuire à autrui. Non ! la Liberté n'est pas cela ; elle consiste dans l'accomplissement de tous ses devoirs, envers l'Etat, envers autrui, et envers soi-même; en faisant ce que les lois prescrivent et en s'abstenant de tout ce qu'elles défendent. Hors de là, c'est le contraire de la Liberté et ce doit être nécessairement châtié; que cela soit bien entendu et bien compris.

## L'ÉGALITÉ.

En France, sous le régime actuel, tous les citoyens sont égaux parce qu'ils ont les mêmes droits civils, politiques et religieux, Il n'y a plus, il ne doit plus y avoir de lois d'exception, de privilége pour personne, s'il en existe encore, la nation peut les supprimer, puisqu'elle est maîtresse de ses destinées ; elle se gouverne elle-même, l'Egalité est donc parfaite en principe, et le sera en effet, si elle ne l'est pas encore. Ainsi, par le travail, le mérite et l'intelligence, tout citoyen peut parvenir aux richesses, aux dignités et à la puissance. Telles sont les conséquences de l'Egalité; que cette perspective nous encourage.

## LA FRATERNITE.

Elle est pratiquée très-largement, et je crois même avec trop peu de discernement. Sous le régime républicain démocratique, elle devra être régularisée. Car, étant l'un des dogmes du christianisme, beaucoup de gens paresseux, dissipateurs, ont l'imprudence de se couvrir du prétexte religieux, pour tromper les personnes généreuses, bienfaisantes et les préposés de l'assistance publique, afin de recevoir et consommer dans l'oisiveté et la débauche, les ressources, les secours qui ne doivent être destinés qu'aux personnes honnêtes, vraiment nécessiteuses et incapables désormais de subvenir à leurs besoins, après avoir toujours fait ce qu'elles ont pu pour vivre honorablement dans leur position. D'ailleurs, le Christ a dit ceci : On ne doit pas jeter aux chiens le pain destiné aux enfants, c'est-a-dire : ne pas donner aux méchants, ce qui est destiné aux bons.
Je sais que le Christ étendait sa main sur les méchants comme sur les bons, mais seulement, lorsque ces premiers se convertissaient, c'est-à-dire, lorsqu'ils se corrigeaient ; la preuve c'est qu'il nous apprend qu'il y a un paradis pour les bons, et un enfer pour les méchants. En effet, il serait souverainement injuste de traiter également l'honnête homme et le malfaiteur incorrigible. Au surplus, on annonce que nous aurons prochainement une loi sur l'assistance publique, qui sera sans doute satisfaisante sous les rapports matériels et moraux. Espérons que ce sera bientôt.
Selon ma faible intelligence et mon érudition très-bornée, pour être compris par la partie des citoyens auxquels je m'adresse principalement, je viens d'expliquer le plus complètement et le plus clairement que j'ai pu le faire, comment je comprends le système du Gouvernement actuel, qui, je l'espère, s'établira définitivement, qu'on l'appelle Gouvernement du pays par le pays, ou République tout simple-

ment, ou République conservatrice, ce n'est pas le mot qui fait la chose.

J'avoue que je ne comprends pas pourquoi on tient, quant à présent, à ajouter une épithète à la République. Car, ce n'est que la future Constitution qui pourra en définir la nature. Il est donc futile de lui donner maintenant une qualification quelconque.

Loin de moi la pensée d'en blâmer l'auteur, l'homme d'Etat magnanime qui a gouverné si sagement la France ; il ne fait rien sans motif sans de bonnes raisons. S'il ne fallait que cela pour déconcerter les imprudents, les hommes du passé, qui ne craindraient pas de nous rejeter dans l'abîme des révolutions, et nous préparer ainsi la plus désastreuse catastrophe que l'on ait jamais vue. il a bien fait de le faire dans ce sens, comme je le crois ; j'ai une entière confiance dans sa sagacité, sa droiture, sa sincérité ; d'ailleurs cela me paraît inoffensif et n'engager l'avenir en rien.

Oui, en persévérant dans la voie où il a marché si glorieusement, l'ancien Président de la République a conquis les sympathies de tous ceux qui veulent sincèrement la liberté, la grandeur et le bonheur de la Patrie. Il a mérité d'être soutenu par tous les hommes sensés et vraiment honnêtes, qui l'aideront à fonder la République à laquelle on ajoutera le mot : Démocratique, puisqu'elle a pour principe le suffrage universel duquel émanent tous les pouvoirs.

Je sais bien que les détracteurs du très-vénérable M. Thiers, lui prêtent des intentions monarchiques ; je n'en crois rien ; car son grand caractère et son intérêt moral s'y opposent. Non, il ne se confondra pas dans la foule des intrigants, des conspirateurs vulgaires pour opprimer sa Patrie, en se prêtant a une restauration monarchique *quelconque*. Il comprend trop bien la mission sublime de constituer la République en France, et de contribuer ainsi puissamment, à la liberté, au bonheur, non-seulement de ses compatriotes, mais peut-être aussi de toutes les nations de l'Europe. Par là, il aura acquis une gloire impérissable, il sera vénéré par la postérité, mis au rang des plus grands législateurs anciens et modernes, des Solon, des Washington et aura une place parmi eux dans le sanctuaire des grands hommes.

J'ai l'honneur de faire observer, que j'ai écrit cet ouvrage vers la fin de 1872 et au commencement de 1873. L'honorable M. Thiers était alors au pouvoir, j'ai fait son éloge selon mon opinion, qui est celle à peu près de tout le monde à cet égard. Aujourd'hui, je n'ai pas de motif pour retrancher quelque chose de ce que j'en ai dit. Mais j'ajoute, que cet éloge s'applique également à son coopérateur, l'illustre maréchal, duc de Magenta, qui préside actuellement aux destinées de la France. Il nous a promis qu'il ne serait rien changé aux institutions existantes ; j'ai foi dans sa parole d'honnête homme et de loyal soldat ; il continuera et achèvera l'œuvre de son vénérable prédécesseur.

Je terminerai cette deuxième partie, par la comparaison très-

succincte des principaux systèmes de Gouvernement qui ont régi
le monde, depuis l'origine des temps connus jusqu'à nos jours.
On pourra ainsi, apprécier à peu près, leur raison d'être, leurs
avantages et leurs défauts, selon les temps et les lieux.

Ce qui a dû frapper l'attention des hommes primitifs, il me
semble que ce furent les phénomènes de la nature; un grand
nombre d'opérations naturelles, constantes, et leurs conséquences inévitables qui passaient inaperçues pour presque tous, furent remarquées par les plus intelligents; de là des pronostics,
des prédictions de leur part. On comprend que ces premiers savants commencèrent à être vénérés par leurs compagnons.
Profitant de cet ascendant, et selon l'inclination naturelle aux
hommes de s'élever au-dessus de leurs semblables, ils ne man-
quèrent pas dans la suite, à l'occasion, de s'en constituer les
chefs, en s'appuyant sur leur science naturelle, mais surnaturelle
et divine aux yeux des autres moins clairvoyants qu'eux. Voilà,
je crois, la première autorité qui s'imposa aux hommes; c'est le
pouvoir théocratique. Mais les lois de la nature étant immua-
bles, les mêmes causes subsistent toujours et produisent cons-
tamment les mêmes effets. Il est donc probable que les hommes
de ces premiers temps, ressemblaient à ceux d'aujourd'hui, et
que déjà il y avait des récalcitrants. Pour les soumettre, il fallut joindre la force au prestige religieux; c'est ce qui constitua
le Gouvernement militaire et sacerdotal. L'histoire ancienne
nous démontre que toutes les nations, à leur origine, ont eu cette
espèce de Gouvernement; on le voit à la Chine, dans l'Inde,
dans l'Arabie, en Grèce, à Rome, et probablement il en fut de
même ailleurs; c'était aussi celui des Hébreux, sous Moïse et
ses successeurs; ce gouvernement est très-énergique, très-
fort, mais aussi très-despotique. On le voit par les châti-
ments terribles que Moïse infligeait à ce peuple pour des
fautes qui nous paraissent bien légères; ce régime n'est applicable qu'aux peuples à l'état primitif, après un temps plus
ou moins long, il conduit à la monarchie absolue. Ce second état
est le plus durable, parce qu'il subsiste autant que les peuples
restent plongés dans les profondeurs de l'ignorance; et ils y
restent très-longtemps. Cependant peu-à-peu, les ténèbres se
dissipent et la lumière grandit d'autant; les hommes conçoi-
vent des idées de liberté, d'indépendance, et après de très-longs
et pénibles efforts, d'innombrables sacrifices, parviennent à la
monarchie parlementaire.

Ce gouvernement est un système très-précaire et conséquemment peu durable. Nous en avons eu la preuve en France,
par la chûte de la première de ces monarchies, en 1792, ensuite,
du premier Empire en 1815, de la Restauration en 1830, du Gouvernement de Juillet en 1848, enfin du second Empire en 1870.
Au dehors il en est de même. l'Espagne a été continuellement
dans l'agitation tant qu'elle a eu cette forme de Gouvernement;
l'Italie. est, et sera de même, tant qu'elle sera sous ce régime.
Cela tient à ce que, avec ce système, il y a deux pouvoirs ri-

vaux et qui n'ont pas la même origine (quand même ils l'auraient, ils n'en seraient pas plus durables ; nous venons de le voir par la chûte du second Empire). Le premier pouvoir, qui prétend tenir son autorité de la grâce de Dieu, prend le titre de souverain et est héréditaire ; le second, l'Assemblée tient la sienne de la volonté de la nation. Ces deux pouvoirs sont continuellement en opposition, c'est inévitable, et cela finit toujours par aboutir à une catastrophe, à une révolution. La monarchie constitutionnelle ou parlementaire, est donc un gouvernement malheureux et n'est que la transition, le passage périlleux et plus ou moins long de la vraie monarchie à la vraie démocratie, du régime des esclaves à celui des hommes libres. On m'objectera sans doute l'exemple de l'Angleterre, je réponds que le Gouvernement Anglais est plus républicain que monarchique en apparence, que la Reine n'a qu'un pouvoir nominal, que le parlement est en réalité le véritable souverain et qu'il décide de tout, mais, par tolérance seulement, sous le règne actuel (1).

De toutes les expériences précitées, il résulte que le gouvernement démocratique doit être le plus avantageux, le meilleur de tous, puisqu'il est le terme des systèmes politiques, et n'est applicable qu'aux nations arrivées à l'état viril, et à un degré de civilisation assez avancé pour comprendre leurs véritables intérêts. Pour exemple, nous avons auprès de nous, la Suisse. Mais ne connaissant point les constitutions de ces différents états, je n'en donnerai aucun détail, seulement, tout le monde sait qu'ils se trouvent très-bien en se gouvernant eux-mêmes, et qu'ils sont toujours en paix, tandis que les nations monarchiques s'entre-déchirent tour-à-tour.

Je sais bien que la Suisse doit un peu sa sécurité à sa position géographique, et que si son sol était plus accessible, les conquérants pourraient bien les inquiéter et tenter de les asservir ; mais ce n'est pas facile, et avant d'être subjuguée, la Suisse ne serait qu'un tombeau.

La preuve la plus palpable des avantages de la démocratie, c'est la grande République américaine, dont l'éclat éblouit toute la terre. Néanmoins, si les Américains s'habituaient à choisir un général pour Président de la République, je crois qu'ils feraient une faute qui pourrait devenir irréparable. Je sais bien que Washington était aussi un général, mais les Washington comme les Cincinnatus sont rares, les siècles en produisent peu de semblables, au lieu que les Césars sont très-communs. Les exemples de tous les temps, nous démontrent que les peuples opprimés, l'ont tous été par les mêmes moyens.... Toutes les nations, ou à peu près, en ont eu la preuve chez elle ; la France particulièrement.

Elle se souvient du 18 brumaire et du 2 décembre ; que ces exemples néfastes ne soient pas perdus pour l'avenir !

_______

(1) C'est ce que j'expliquais dans le complément de l'ouvrage, qui, à mon grand regret, ne pourra être publié pour le moment.

Toute autorité principale émane de l'Asemblée nationale et doit lui être soumise ; aucun pouvoir n'est au-dessus d'elle, excepté la nation. Si quelqu'un tentait d'opprimer l'Assemblée, il commettrait le crime de *lèse-nation*, et serait passible du plus grand châtiment. S'il réussissait, la nation serait asservie, il n'y aurait plus qu'un maître et des esclaves. Je finis cette deuxième partie par une dernière observation. Rappelons-nous bien que, pour que la République soit durable, il faut que le Président soit nommé par l'Assemblée nationale, comme cela existe aujourd'hui ; c'est là le véritable système démocratique, car s'il était nommé par le suffrage universel, ce serait créer une espèce de monarque, mettre deux Pouvoirs en présence, indépendants l'un de l'autre, et la République périrait infailliblement. Nous avons déjà vu cela, il en serait encore de même. Recommandons cette condition si importante à nos représentants à l'Assemblée Constituante, je crois que l'avenir de la République en dépend.

## TROISIÈME PARTIE

Un homme célèbre a dit que les nations ont toujours le gouvernement qu'elles méritent. Quoique je respecte beaucoup une autorité telle que Montesquieu, m'étant imposé la tâche d'exprimer ma pensée, de dire la vérité telle que je la vois, et que la comprends, je me permets de croire que cette sentence n'est pas rigoureusement exacte. Par exemple : une nation faible peut être opprimée par une plus forte qui lui impose sa loi, alors cette nation faible n'a pas le gouvernement qu'elle mérite (cela se voit de nos jours comme en d'autre temps) hormis qu'elle soit résolue, pour ne point perdre son indépendance, à se faire tuer jusqu'à extinction, mais toutes les nations ne sont pas des Spartiates ! et pour les conduire elles n'ont pas toujours des Léonidas ! Cet axiome est vrai autant que les conquérants ne viennent pas le démentir. Or, on sait que naguère un célèbre homme d'Etat a prononcé ces paroles monstrueuses, à l'usage des oppresseurs : La force prime le droit. A cette maxime sauvage, opposons celle de l'homme civilisé : la raison prime la force. Pourtant, cette sentence de Montesquieu est incontestable selon le droit naturel et même le droit international, qui reconnaît que chaque nation est libre de se gouverner selon sa volonté propre, en respectant le gouvernement d'autrui. Mais elle est encore plus vraie, pour les nations grandes et fortes comme la France, qui pourrait, pour défendre son indépendance contre l'oppression, opposer 7 à 8 millions d'hommes soutenus par des ressources immenses. On vient de voir ci-dessus que le système démocratique n'est applicable qu'à la civilisation la plus avancée, aux nations les plus instruites. C'est donc le gouvernement par excellence. En effet, lorsque la nation toute entière choisit elle-même les hommes qui doivent la gouverner, qu'elle peut les changer au besoin et les punir selon les cas, ce doit être le meilleur gouvernement possible, parce qu'il procure à chacun selon sa position, la plus grande somme de bien-être et de bonheur ; mais ici se place le dilemme difficile à résoudre. Il s'agit de savoir si nous sommes aptes, capables de recevoir l'application de ce système. Il faut donc considérer les causes principales qui pourraient l'empêcher de se constituer, ou le faire échouer après son établissement. Cet examen est si complexe, que je ne dissimule point ma perplexité pour le faire. Je suis donc arrivé a la partie la plus âpre de l'œuvre que j'ai entreprise. Effectivement, mettre en évidence les erreurs, les défauts, les vices, les mauvais penchants des hommes, c'est pénible et même dangereux, car c'est attaquer de front les plus mauvaises natures, les êtres les plus pervertis de la société. Pourtant cette perspective ne me décourage pas, je ne reculerai pas devant ma tâche. si rude qu'elle soit ; je dirai ce que je pense, la vérité telle qu'elle m'apparaît, et dans l'unique but de servir ma patrie.

Mais, tenant compte des faiblesses humaines dont je ressens moi-même les effets et, de l'influence pernicieuse des mauvais régimes précédents, j'examinerai avec calme, modération et tous les ménagements que l'on doit aux victimes d'une organisation sociale vicieuse.

J'accuserai moins les hommes que les principes, car les premiers ne sont que des instruments et passent comme l'ombre, mais les seconds demeurent ; il faut combattre les mauvais et s'attacher aux bons. Le suffrage universel étant la base du système démocratique, j'en respecte le principe, mais son application ne me paraît pas exempte de blâme.

Pour que tout ce qui en découle soit pur, il faut que la source n'en soit point corrompue. Pour cela, il faudrait en éloigner tous les éléments dissolvants qui en mineraient les assises, et finiraient par amener la ruine de l'édifice. Je veux dire que la loi électorale qui régit actuellement le suffrage universel, exclut bien du scrutin tous les indignes, légalement parlant, c'est bien ; mais cela suffit-il ? il y en a d'autres qui sont peut-être en effet aussi nuisibles que les indignes pourraient l'être. Je crois que tout citoyen, pour exercer ses droits, doit en supporter les charges, doit remplir les devoirs que la loi lui impose. Par exemple, que penser de ceux de qui l'Etat ne peut obtenir aucun impôt personnel, mobilier ni prestations, de ceux qui sont à charge à la société en recevant des secours des bureaux de bienfaisance, ou sont recueillis dans les hospices comme indigents, enfin des illettrés, de ceux qui ne savent pas lire leur bulletin de vote, mais que je suis loin de mépriser ; car parmi ceux qui ne savent ni

lire ni écrire, il y a des hommes très-sensés et honorables:
Aussi serait-il peut-être injuste de leur retirer le droit de suffrage, ils ne méritent pas cette exclusion ; cependant, ils n'en ont
pas moins un grand défaut, qui, dans certains cas, peut être funeste au pays. Effectivement, avec toute la meilleure intention,
celui qui ne sait pas lire peut être trompé par un intrigant et
voter contrairement à sa volonté. On comprend la gravité de cet
inconvénient. Si l'on ne peut pas y remédier pour le moment.
il disparaîtra plus tard par le moyen de l'instruction obligatoire et gratuite. Quant à la question du domicile, il me semble
que tout citoyen jouissant de ses droits, ne doit pas en être
privé parce qu'il changerait de résidence ; sur ce point, je
m'en rapporte à la loi électorale existante.

Je prie le lecteur de bien observer que je ne demande point
l'exclusion des électeurs qui se trouvent dans les cas précités :
seulement. je crois que cette question si importante doit être
examinée avec la plus grande attention. car lorsque je considère que le suffrage de certains électeurs pèse autant dans la
balance des destinées du pays que celui de l'électeur le plus
sage et le plus respectable, je reste confondu, c'est alors qu'il
me semble qu'il y a quelque chose à faire à cet égard. Néanmoins, en supposant que le suffrage universel doive être cor-
rigé, je crois que cela ne devra se faire qu'avec la plus grande
circonspection, afin qu'il n'y ait d'éliminations que le moins
possible.

Qu'avons-nous à faire en attendant la prochaine élection générale. cet acte de souveraineté nationale duquel dépendra le sort
de la France pour longtemps, et peut-être de l'avenir du monde?
Ce que nous avons à faire, c'est de nous examiner sans fai-
blesse, tels que nous sommes. en nous faisant l'application
de la maxime de ce sage de l'antiquité qui est à l'usage de tous
les pays :

Connaissez-vous vous-même.

Puisque j'ai pris l'engagement de dire la vérité telle que je
la vois, je tiendrai ma parole ; mais je le ferai sans exagéra-
tion, ou c'est que je me tromperais, cela peut m'arriver comme
à un autre.

J'avoue avec confusion et inquiétude, que nous avons de
grands défauts : le principal c'est l'ignorance, qui est la cause
de beaucoup d'autres ; elle nous empêche de voir et de comprendre toutes choses, telles qu'elles sont : de discerner la liberté d'avec la servitude, la vérité d'avec l'erreur, la sincérité d'avec le mensonge, la justice d'avec l'iniquité, l'honnêteté
d'avec l'infamie, le dévouement d'avec l'ambition, le génie
d'avec la sottise, le bien d'avec le mal (et pour ne pas prolonger
cette nomenclature), enfin la vertu d'avec le vice. Notre ignorance en politique est la cause que depuis 25 ans, le suffrage
universel nous a donné des résultats opposés à ceux que nous
devions en attendre. Au lieu de nous gouverner nous-mêmes,
nous avons fondé et soutenu durant 20 ans, la pire de toutes

les monarchies, qui conduisit la France à des désastres inouïs et à la veille de sa ruine totale. Heureusement que ce pouvoir, se voyant accablé sous le poids de ses fautes, se suicida lui-même ; mais auparavant, il précipita la nation dans le fond de l'abîme où elle se débat actuellement pour en sortir plus glorieuse que jamais. Cette monarchie a fini comme elle avait commencé ; mais je m'arrête parce que je me rappelle que j'ai promis d'être calme.....

Notre ignorance est encore la cause que jusqu'à ce jour, nous ne sommes pas représentés comme nous devons l'être. Nos mandataires de toutes sortes, depuis les conseillers municipaux jusqu'aux représentants de l'Assemblée nationale, ne sont pas tous, à beaucoup près, les organes vrais de nos besoins et de nos sentiments. Pourtant, cette erreur si grave n'est pas due seulement à notre ignorance, qui en est bien la source, mais elle est alimentée par un autre de nos grands défauts, qui est la jalousie. Je m'explique, et je prie le lecteur de me prêter toute son attention.

Pour toutes les élections qui ont lieu, nous, les électeurs travailleurs, nous choisissons nos mandataires dans des sphères où nous ne devrions pas les chercher. Sous cette dénomination de travailleurs, je comprends toute la partie active de la population, depuis l'homme de bureau, le négociant, l'industriel le laboureur, ouvriers de toutes sortes ; tous, si riches ou si pauvres qu'ils soient. Voilà ce qui forme la grande majorité de la nation. Eh bien ! sous le régime du suffrage universel, lorsque la nation se gouverne elle-même, je crois que la majorité doit dominer partout, doit gouverner enfin. En a-t-il été ainsi depuis 25 ans ? certainement non. Aussi nous ne cessons de répéter que nous sommes trompés par nos représentants ; presque toujours cette accusation est fausse ; car c'est nous-mêmes qui nous trompons, et volontairement, en adoptant des candidats qui nous sont inconnus, au lieu de les choisir parmi nous. Pourquoi cela ? parce que nous ne voulons pas élever au-dessus de nous, notre respectable et digne ami pourtant : le négociant, l'industriel, le laboureur, l'ouvrier, nos pareils en un mot. Leur élévation nous donnerait le cauchemar, nous ferait dessécher de jalousie. (Je sais qu'à l'Assemblée nationale comme ailleurs, les travailleurs ont quelques représentants, mais ils sont bien loin d'être en majorité.) Nous préférons accorder notre confiance, livrer nos destinées et celles de nos enfants, enfin nos intérêts les plus chers, à des hommes dont très-souvent nous ne connaissons, ni les antécédents ni les tendances ; il est vrai que nous connaissons leurs professions de foi, mais cette garantie est-elle suffisante ? je ne le crois pas ; n'importe, pourvu qu'ils ne soient pas de nos semblables, ou qu'ils nous soient inconnus, ils nous conviennent : nous ne serons point jaloux de ceux-là. Au moins notre voisin le commerçant, ou le laboureur, ou notre camarade d'atelier ne sera pas élevé en dignité par nos suffrages, et puis, il ne touchera pas douze mille francs par an, ce qui nous ferait mourir de chagrin. Nous aimons mieux que la dignité aille à celui qui en est déjà surchargé, que les douze mille francs rentrent dans la caisse du millionnaire, qui, n'en ayant pas besoin, pourrait s'en servir pour nous nuire, s'il était mal intentionné ; et c'est ainsi que l'on donne des verges pour se faire fouetter.

Voilà de grands défauts qui nous causent de grands maux ; si nous n'avons pas le courage de nous en corriger, ils nous ramèneront infailliblement, à travers de grandes calamités, à l'état de choses d'où nous sommes sortis, grâce à nos pères et à nous-mêmes, qui avons fait de si grands sacrifices pour nous en affranchir. Dirons-nous que nous ne pouvons pas trouver parmi nous, des hommes capables de nous représenter ? Personne n'oserait le dire, pourtant beaucoup le supposent. Mais ce préjugé est contraire à la raison et à la vérité ; c'est beaucoup plus qu'une erreur, c'est un grand outrage que nous nous faisons. Avec une telle opinion de nous-mêmes, ceux que l'on appelle les grands, ont-ils besoin de nous dédaigner, de nous mépriser, de nous repousser de toutes les dignités, de tous les pouvoirs, lorsque nous savons si bien le faire nous-mêmes. Comment, dans une circonscription qui peut comprendre un arrondissement, il nous faut un ou deux représentants, je suppose, et nous ne pourrions pas trouver parmi nous, les travailleurs de toutes sortes que j'ai déjà cités, deux hommes, fût-ce un seul, capables et dignes de nous représenter ? Eh bien ! je soutiens que parmi les plus modestes mêmes, à savoir, les laboureurs et les ouvriers, il y en a dix pour un qui pourraient nous représenter convenablement *sous tous les rapports nécessaires.* Je ne dis pas qu'ils parleraient comme des avocats, qu'ils seraient savants comme des académiciens, attendu que l'instruction monarchique n'a point destiné les ouvriers à ces charges et à ces dignités. Néanmoins, je suis persuadé que ceux que nous choisirions pourraient très bien remplir leur mandat ; essayons, et nous verrons. D'ailleurs, il n'est pas indispensable d'avoir une instruction et des capacités extraordinaires, qui sont quelquefois accompagnées de vices plus grands encore. Avec une certaine instruction, de l'intelligence, une probité exacte, l'expérience que l'âge seul peut donner, un dévouement constant aux principes démocratiques qui, selon mon sentiment, sont seuls conservateurs de l'ordre social ; avec ces conditions, on peut être un très-bon représentant à l'Assemblée nationale ; nous pouvons facilement trouver cela parmi nous. *Mais il faut nous corriger de la jalousie.*

Je tiens beaucoup à faire remarquer que je ne conseille nullement à ceux que j'appelle les travailleurs, de refuser leurs suffrages en tous cas. à ceux que l'on appelle les grands : non, non, pas d'exclusion systématique. Cette antipathie est contraire aux principes démocratiques, à la liberté, à l'égalité, à la fraternité, et surtout à la raison, qui nous dit de suivre la justice, la vérité, la vertu, partout où nous la trouverons.

Effectivement, si l'on trouve des vices affreux chez les grands, on peut y trouver aussi de grandes vertus. C'est pourquoi un homme, fût-il noble quatre fois et vingt fois millionnaire, s'il est vertueux, serait préférable à un travailleur perverti. De même, à un grand, dépravé, méprisable, nous devons préférer un travailleur vertueux. Je dis plus, à mérite égal, nous devons peut-être préférer un travailleur. Et cela, pour deux raisons : la première, c'est que la nature ayant mis en nous, comme dans tous les êtres, le sentiment de la conservation, il en résulte que chacun pense à soi, avant de penser aux autres, que chacun agit pour soi, avant d'agir pour les autres. Je sais bien qu'il y a des exceptions à cette règle, et que lorsqu'on a l'honneur de représenter ses concitoyens, on doit faire abstraction de ces sentiments égoïstes, mais attendu que les hommes ne font pas toujours ce qu'ils devraient faire, cette considération ne détruit point cet argument essentiel. Partant de cette maxime naturelle, si nous voulons que nos représentants pensent et agissent pour nous, choisissons-les souvent parmi les travailleurs, comme je l'ai dit. La seconde raison est la conséquence de la première, c'est-à-dire que les grands, comprenant très-bien, et mieux que nous, la vérité incontestable de ce raisonnement, ne donnent guère, je crois, leurs suffrages ni au commerçant, ni à l'industriel, aux petits surtout, ni encore bien moins aux laboureurs, aux ouvriers quelconques. Eh bien ! puisque ceux-ci nous donnent toujours le bon exemple, puisqu'ils choisissent parmi eux leurs représentants, imitons-les, faisons comme eux, choisissons les nôtres parmi nous ; et alors, nous obtiendrons certainement la véritable représentation du pays, qui nous donnera les résultats, qu'autrement nous attendrions toujours en vain ; résultats que tous, riches comme pauvres, grands comme petits, nous pouvons raisonnablement et légitimement attendre.

Sous le rapport politique particulièrement, nous venons de voir quelles sont les conséquences malheureuses qui résultent de nos deux principaux défauts : l'ignorance et la jalousie. Et certes, ce ne sont pas les deux seuls, nous en avons d'autres ; consultons notre conscience et elle nous répondra, après un moment de recueillement : passons à un autre examen plus pénible, celui de nos vices, les principaux au moins. Tels sont : le mensonge, la paresse, l'intempérance, la malhonnêteté.

### *D'abord le Mensonge.*

Ce vice infâme, exécrable, est je crois le plus pernicieux de tous, celui qui fait le plus de ravages dans le monde. En effet, par ce moyen, on interprète faussement les meilleures intentions, on dénature les faits, on obscurcit ce qui est évident, on avilit ce qui est respectable, on déshonore, on perd les répu-

tations les plus pures, souvent pour s'élever sur leurs ruines ;
et ce qui est plus sensible, déplorable, c'est que cela vient quelquefois de la part de nos proches. On promet ce que l'on a bien
l'intention de ne pas tenir, on nie les engagements, même
écrits, lorsque cela est possible ; on viole les serments les plus
solennels, on s'applique a amoindrir le mérite, le talent, la su-
périorité, la vertu dont on est offusqué. On espère se justifier
en prêtant aux autres ses mauvaises passions, ses mauvaises
actions, on met la victime à la place du coupable ; enfin, on
croit être inaperçu en s'efforçant de rabaisser les autres à son
niveau, et se cacher ainsi dans la foule. Mais il est un Juge au-
quel nous ne pouvons échapper : c'est notre conscience, cette
conseillère intime qui ne nous trompe jamais ; malheureuse-
ment, nous sommes sourds trop souvent à ses avertisse-
ments salutaires.

Les menteurs sont les ennemis de la République.

### La Paresse.

Ce vice, quoique moins détestable peut-être que le précédent,
n'en est pas moins ignominieux pour beaucoup de raisons que
tout le monde peut comprendre. Or, il est un axiôme qui dit :
que l'oisiveté est la mère de tous les vices ; sans doute, que peut-
on espérer de bon d'un homme qui, n'ayant pas de ressources
légitimes, travaille peu ou pas du tout ; il faut qu'il vive pourtant, lui et les siens, il faut que leurs besoins soient satisfaits ;
ne travaillant point, comment y suppléera-t il : par des moyens
blâmables, sinon coupables, et plus ou moins onéreux à la
société.

On le voit, ce vice conduit nécessairement à d'autres plus
dangereux encore ; ainsi, il est éminemment anti-démocrati-
que, car sous ce régime, chacun doit faire son devoir.

Tout citoyen valide pour subvenir à ses besoins, doit travailler, s'il n'a pas d'autres moyens d'existence.

Les parasites, et les fainéants sont donc les ennemis de la
République.

### L'Intempérance, l'Ivrognerie, la Débauche en un mot.

Examinons ce vice, le plus abrutissant, qui cause tant de
misères dans les familles, qui fait tant pleurer les épouses, les
mères et les enfants ; qui est la cause de tant de mauvaises
affaires, non-seulement pour ceux qui s'y livrent, mais aussi

pour la société tout entière qui en reçoit les contre-coups et qui en supporte les conséquences soit directes ou indirectes.

Personne ne peut nier raisonnablement, que l'usage excessif des boissons alcooliques surtout, et d'autres substances enivrantes, même l'excès du tabac, ne soit une des principales causes des misères et des malheurs des hommes. Effectivement, il est déplorable de voir des jeunes gens de 12 à 15 ans, déjà pervertis, hébétés par l'usage de ces substances délétères ; et puis des hommes, des pères de famille, qui ne peuvent se procurer les choses les plus nécessaires à la vie, et qui néanmoins, consomment de 20 à 30 centimes de tabac par jour, et autant d'eau-de-vie. N'est-il pas incontestable, que ceux qui ont le malheur d'être enclins à ces vices, et ils sont en grand nombre parmi nous, perdent une bonne partie de leur temps, dépensent, dissipent une grande partie de ce qu'ils gagnent, ou de ce qu'ils possèdent, négligent leur travail, leurs affaires, et conséquemment ne peuvent en faire de bonnes. Ils affaiblissent et finissent presque toujours par détruire leurs facultés physiques et morales ; enfin, ils perdent ce qu'il y a de plus précieux ; la raison, la santé, l'honneur et le temps. Quand on en est là, que reste-t-il ? l'abrutissement et la plus profonde misère, qui souvent conduit au crime.

L'usage immodéré des boissons et d'autres narcotiques, est donc une habitude funeste ; un grand mal.

Mais, parce qu'il y a des ivrognes, des débauchés, est-ce à dire qu'il faut immédiatement en supprimer les causes ? certainement non ; je ne dis pas cela, je ne suis pas aussi radical. Je ne suis pas l'ennemi systématique des boissons, ni du tabac, seulement, j'indique les conséquences malheureuses qui résultent de l'abus que l'on en fait. Mais dira-t-on, comment peut-on empêcher cet abus ? Je réponds qu'il y a des moyens de répression à cet égard ; la loi sur l'ivresse, que pour le moment il suffit d'appliquer *sérieusement*, et qu'avec le temps on fera mieux si l'on peut. Je ne demande donc la suppression, ni des boissons alcooliques, ni encore bien moins du tabac ; dont les excès nous sont pourtant si nuisibles, néanmoins je suis persuadé que ce serait un bien inappréciable, si nous étions assez raisonnables pour nous en abstenir, que nous avancerions dans la voie de la perfection, et vers le bonheur que l'on peut atteindre avec de bonnes mœurs.

Les débauchés sont les ennemis de la République.


### La Malhonnêteté.


N'importe sous quelle forme elle se produit, elle est l'ennemie de la République.

Les trois vices qui précèdent conduisent nécessairement à ce dernier, la malhonnêté, qui est leur complément, c'est logique. Le nombre de ceux, qui sont arrivés à ce malheureux état de dépravation est plus grand qu'on ne semble le croire ; car beaucoup, sous des apparences honnêtes, sont pourtant des malhonnêtes gens. Les personnes qui sont dans une position a avoir des rapports d'intérêt avec le public, les commerçants par exemple, savent cela encore mieux que moi. Je veux désigner ceux qui ne se conduisent pas mal, vulgairement, mais qui ne travaillent pas autant qu'ils pourraient, qu'ils devraient le faire, pour suffire à leurs besoins ; et d'autres qui travaillent bien ; mais qui dépensent sciemment plus qu'ils ne gagnent, de sorte que les uns et les autres, jusqu'à un certain point vivent aux dépens du public, en employant toutes sortes de mauvais moyens pour ne point remplir leurs engagements, en ne payant pas leurs fournisseurs et autres : enfin, au lieu de faire tout ce qu ils pourraient pour payer, ils font au contraire tout ce qu'ils peuvent pour ne point payer.

Ces fourberies sont l'espèce de vol appelé fraude, qui me paraît le pire de tous, parce qu'il est prémédité, que c'est le vol de confiance, et que pour le commettre il faut se servir du vice le plus abominable : le mensonge. Et pourtant ce vol n'est point puni ; c'est pourquoi il est tant pratiqué parmi nous. Pour le réprimer, naguère encore nous avions la contrainte par corps, on l'a supprimée ; je ne sais pas si l'on a bien fait. Ces procédés mauvais, répréhensibles, sont presque toujours le propre de gens qui ne possèdent à peu près rien ; exprès pour que l'on ne puisse avoir aucun recours contre eux. Car l'homme honnête, possède toujours quelques petites choses auxquelles, il tient, et par conséquent, il remplit ses devoirs le mieux qu'il peut. Toutefois, on sait que la nécessité et la misère sont mauvaises conseillères ; c'est pourquoi un ouvrier pauvre, mais honnête dans toute l'acception du mot, est un homme très-estimable, très-respectable ; car lorsqu'on est pauvre, il est extrêmement difficile d'être vertueux. Enfin, par une dernière démonstration, il est facile de faire voir que la malhonnêteté, qui est la conséquence des autres vices, est une des causes principales des perturbations de toutes sortes qui affligent la société. C'est-à-dire qu'il me semble que le crédit se fait avec trop de facilité, trop peu de discernement ; car par ce moyen, on excite les gens peu scrupuleux, les gens de désordre, à consommer au-delà de leurs ressources, à faire des dépenses qu'ils sont incapables de payer ; il en résulte qu ils sont toujours en retard dans leurs affaires, qu'ils ne peuvent y faire face ; de là des poursuites, des procès et des frais dont les prêteurs sont presque toujours les victimes, sans que les débiteurs en soient plus heureux. Eh bien, selon mon modeste jugement, ce n'est point ainsi que l'on moralise les hommes, qu'on les rend plus heureux ; je crois, au contraire que ce serait en les mettant dans la nécessité, dans l'obligation d'être économes de remplir leurs devoirs, que l'on pourrait obtenir ce résultat dont ils ont tant besoin. Effectivement, si l'on comptait moins sur le crédit, on serait forcé d'avoir plus d'ordre, on serait plus honnête, on serait plus heureux et la société y gagnerait sous tous les rapports. Cependant, loin de moi la pensée de dire, qu'il faut ne point faire de crédit du tout ; je dis au contraire que l'on peut, qu'il est raisonnable d'en faire non pas aux paresseux, aux débauchés : (leur prêter, c'est leur donner, et c'est une mauvaise action, car c'est encourager les vices dont tout le monde souffre) ; mais seulement aux gens de bonnes mœurs, et autant que possible dans des cas exceptionnels, tels que manque certain de travail, maladies et autres circonstances extraordinaires. Autrement ceux qui sont bons pourraient devenir mauvais ; et il y a toujours trop de ces derniers. Ainsi le crédit tel qu'il se pratique, me paraît un grand mal, et doit être je crois, nécessairement modifié dans l'intérêt de tous, car en conséquence du crédit, les commerçants pour couvrir les pertes que leur font éprouver les mauvais payeurs, vendent leurs marchandises plus cher, autant que possible, qu'ils ne les vendraient sans cela : enfin, ils font comme ils peuvent pour s'indemniser sur les honnêtes gens, sur ceux qui payent.

D'ailleurs, lorsqu'un homme ne remplit point ses engagements, il est la cause que d'autres ne peuvent remplir les leurs non plus, et ainsi de suite indéfiniment, de manière que les vices, les fautes de quelques-uns, que l'on considère presque toujours avec indifférence, sont pourtant supportés par tous, et peuvent être ressentis jusque dans les plus grandes profondeurs de la société.

Cette dernière pourrait être comparée à une grande machine extrêmement compliquée, composée d'un très-grand nombre de pièces, dont chacune doit agir selon sa position et la conception générale, afin de concourir à l'harmonie, au fonctionnement parfait de la machine. Il suffit qu'une seule de ces pièces ne remplisse pas comme il faut les conditions de sa position, pour mettre le désordre dans tout le mécanisme, l'empêcher de fonctionner et même le faire briser ; c'est ainsi que des petites causes en apparence, peuvent produire des effets désastreux. De cette comparaison et des considérations qui précèdent, il résulte évidemment qu'une grande partie des malheurs publics et privés, sont causés par cette portion de la population, petits et grands, qui ne remplissent ni leurs obligations ni leurs devoirs envers l'Etat, envers autrui et envers eux-mêmes. Certes, le nombre est toujours trop grand de ceux qui se trouvent dans ce cas ; néanmoins, pour l'honneur et l'avenir de la nation, *j'aime à croire que ce n'est que la petite minorité.* — Quoi qu'il en soit de cette appréciation, voilà les conséquences d'une instruction insuffisante, d'une éducation vicieuse, car dès qu'un peuple serait instruit, il comprendrait ses véritables intérêts, en conséquence il se formerait aux bonnes mœurs, il serait capable de se gouverner lui-même. C'est à quoi doit tendre un gouvernement démocratique; mais quand une nation n'y a pas été accoutumée, il y a de grandes difficultés à surmonter. Cependant ce n'est pas impossible; avec de la résolution et de la persévérance on triomphe de tous les obstacles; cette considération suffit pour en faire l'essai, mais aux conditions contenues dans la partie suivante.

## QUATRIÈME PARTIE

### CONCLUSION.

J'appelle l'attention du lecteur sur cette dernière partie que je nomme la conclusion.

On vient de voir que notre ignorance, nos défauts et nos vices, sont les plus redoutables obstacles à la République, et que leur ensemble constitue un état de mœurs absolument antipathique à ce système.

C'est le vieil homme, avec ses passions, ses appétits grossiers et toutes ses misères ; eh bien, si nous voulons être libres, si nous voulons nous gouverner nous-mêmes et jouir de tous les avantages et de toutes les grandeurs que peut procurer ce système, il faut que nous prenions une résolution à la hauteur de notre position.

Jamais, plus qu'en ce moment, la France n'a été maîtresse de ses destinées; nous pouvons être la plus grande nation du monde, et servir d'exemple à tous les peuples de la terre. Pour cela, il faut que tous, nous comprenions bien qu'une nation démocratique est une grande société dont tous les membres doivent remplir leurs devoirs, que les fautes d'un seul rejaillissent sur tous et peuvent être funestes à l'Etat.

Il faut que tous, nous sachions bien que le gouvernement républicain démocratique, *doit être le règne de la vertu*. Et attendu que tous les pouvoirs doivent être le produit de l'élection, il est nécessaire que la majorité au moins de la nation soit sage et honnête, afin que tout ce qui en émane, gouvernement et autorités de toutes sortes, soient homogènes. Car si au contraire la majorité n'avait pas ces qualités, ce système serait impossible et ne nous serait point applicable.

Je sais bien que l'on ne peut exiger des hommes une perfection dont ils ne sont point susceptibles, qu'il ne serait pas raisonnable de leur demander plus que l'on ne peut en obtenir ; je ne demande donc pas notre conversion immédiate, mais ce que nous ne pouvons guère différer, c'est de prendre la résolution de nous réformer progressivement. L'intention de bien faire est le commencement de la sagesse ; inspirons-nous de ce sentiment salutaire et mettons-nous à l'œuvre courageusement. D'abord travaillons avec ardeur à nous instruire de nos droits. et surtout de nos devoirs. Ensuite : dépouillons-nous du vieil homme, de cette enveloppe de la servitude qui pèse sur nous depuis tant de siècles, c'est-à-dire de l'ignorance, de l'orgueil, de l'ambition, de la jalousie, du mensonge, de la paresse, de l'intempérance, de la malhonnêteté qui est le corollaire de tout cela ; enfin, de la soif *immodérée* des richesses qui n'est pas le moindre de nos défauts, et qui fait que pour en acquérir, on emploie souvent des moyens blâmables et même coupables. Oui, il faut porter hardiment le scalpel dans toutes ces plaies, et nous appliquer les remèdes propres à nous guérir de tous ces maux, ou au moins, les amoindrir autant que nous pourrons le faire. Je suis fortement persuadé que le système démocratique n'est praticable qu'à ces conditions. C'est pourquoi je déclare ici *très-précisément*, que c'est ainsi que je comprends la République ; autrement je n'en serai point partisan ; car si ce système ne nous rendait pas meilleurs et conséquemment plus heureux, il serait futile de nous constituer en république, autant vaudrait retourner à la monarchie.

Il me semble entendre d'innombrables voix me tenir le raisonnement suivant : mais vous êtes un rêveur, les réformes que vous préconisez sont irréalisables, car les défauts et les vices dont vous parlez sont inhérents à la nature humaine, et il est impossible de s'en affranchir.

Témoins : la religion, la philosophie et la raison, sont d'accord pour reconnaître que dans l'homme, il y a un mélange de bons et de mauvais penchants que l'on ne peut détruire. A cet argument je réponds que durant le cours de mon existence déjà longue, plusieurs de mes rêves se sont accomplis ; c'est pourquoi, pour notre bonheur et celui des générations futures, j'aime à croire que nous pouvons devenir meilleurs que nous ne sommes. Certes, je respecte infiniment l'autorité de la religion, de la philosophie et de la raison, et je reconnais avec elles, que l'homme est esclave de ses passions rebelles, que le sage même n'en est point exempt, et qu'il est un axiome qui dit : que pour vaincre le monde, il faut être très-courageux, mais que pour se vaincre soi même, il faut être un héros. Or, les héros sont rares de nos jours ; surtout à cet égard.

Aussi, je ne demande pas l'impossible, à savoir : la réforme radicale de nos mœurs ; mais seulement leur amélioration graduelle. Cependant, l'honnêteté publique étant le fondement de la démocratie, il est indispensable que la majorité au moins de la nation ait cette qualité. Mais on me dit que cela est, je le crois aussi, j'en suis très-fortement persuadé et, cette conviction me rassure malgré le scepticisme de beaucoup de gens sur ce point. — D'ailleurs, me dit-on encore, regardez les Etats-Unis d'Amérique, de même que d'autres nations qui vivent en

République, certainement leurs mœurs ne sont pas meilleures que les nôtres, cependant leurs affaires n'en vont pas moins bien, ces peuples prospèrent et grandissent continuellement.

A cette dernière objection, je réplique qu'il ne m'est point démontré que l'état moral de ces peuples n'est pas supérieur au nôtre. Au contraire, en Amérique comme en Suisse, l'instruction y est plus développée que chez nous, parce qu'elle est gratuite. Or, l'instruction étant l'essence des bonnes mœurs, je crois que ces peuples peuvent être plus sages que nous. Si je me trompais à cet égard, j'en serais profondément fâché, car alors je craindrais la chute plus ou moins prochaine de ces Républiques ; attendu, que je suis convaincu, par les démonstrations de l'histoire et l'approbation de la raison, que la République démocratique, qui est la nôtre actuelle, ne peut subsister qu'appuyée sur les bonnes mœurs; eh bien ! ces bonnes mœurs, sommes-nous résolus de faire tous nos efforts pour les acquérir ? Je le crois, sinon, il faudrait renoncer à nous gouverner nous-mêmes, et redevenir les vils esclaves d'un maître quel qu'il soit, qui, pour satisfaire ses folies, sa vanité, son ambition, son intérêt personnel, peut toujours disposer à son gré, par le moyen de la guerre principalement, de ce que la nation à de plus précieux : la liberté, l'honneur, lès biens et la vie de tous.

Mais non, il n'en sera point ainsi, chacun comprendra et remplira les devoirs de sa position politique ou sociale. Pour le moment, laissons l'Assemblée actuelle finir comme elle voudra.

Et puis, en attendant, préparons-nous pour les élections prochaines et tâchons de les faire selon les conditions que j'ai indiquées. C'est-à-dire: qu'il importe que toutes les classes sociales soient représentées partout, depuis les Conseils municipaux, jusqu'au pouvoir suprême, l'Assemblée nationale. Nous choisirons pour représentants, non pas ceux qui se disent les plus républicains et qui peuvent mentir, cette assertion ne suffit pas, mais ceux que nous connaîtrons pour les plus vertueux, cette garantie vaut beaucoup mieux que la première. Nous pouvons en trouver partout comme je l'ai dit : à l'atelier, à la charrue, au comptoir, au salon.

Citoyens électeurs de toutes conditions, travailleurs principalement, qui, jusqu'alors, n'avez pas bien compris la puissance et le but du suffrage universel, ne dédaignez point les observations de l'un des vôtres, à qui l'amour de la patrie, un dévouement éprouvé aux principes démocratiques, un peu d'étude, une vie laborieuse et déjà longue, l'expérience enfin, permet peut-être de vous adresser les conseils suivants :

D'abord, mettons tous nos préjugés sous nos pieds ; ne croyons pas qu'il soit nécessaire d'être riches, d'avoir une brillante position sociale pour mériter la confiance de ses concitoyens et remplir les dignités de l'Etat. Non, les richesses ne sont pas indispensables au mérite. Un travailleur, quoique pauvre, peut être intelligent, instruit, dévoué, honnête, vertueux, est très-apte à nous représenter à l'Assemblée nationale même.

Puisque les travailleurs forment la majorité du pays, nous en choisirons un bon nombre pour nos mandataires, si nous voulons que le système démocratique produise les résultats que nous pouvons raisonnablement en attendre.

Toutefois, je ne suis pas exclusif, on a vu ci-devant ce que je pense à cet égard, j'ajoute, ou pour mieux dire je répète, que nous ne devons pas considérer, *avant tout*, la position sociale des candidats, que nous devons toujours préférer le véritable mérite ; ceux qui donnent le plus de garanties aux principes démocratiques, et conséquemment à l'intérêt général. Des élections ainsi faites, donneront des résultats qui étonneront le monde.

En effet, par ce moyen, un gouvernement honnête et sage, n'ayant qu'une préoccupation, un seul but, celui du bien public, Tous mandataires, et tous fonctionnaires qui s'efforceront à l'envi d'imiter leur modèle. Ainsi, à l'intérieur, excellente administration ; égalité des droits et des devoirs ; service militaire réel, obligatoire pour tous : l'instruction obligatoire, et gratuite ; liberté religieuse, en se conformant aux lois : Répartition équitable des impôts ; bon emploi des Finances, réduction des traitements onéreux ; ·plus de conspirations, de révolutions, de guerres civiles, fomentées et soudoyées par ceux qui voudraient usurper les droits et la souveraineté de la nation, en faire un troupeau d'esclaves et en disposer selon leur volonté ; gouvernement stable, paix publique, tranquillité, sécurité, activité constante du commerce et du travail. Chacun s'efforçant de remplir les devoirs de sa position ; le riche dépensant ses revenus en travaux utiles, productifs, rémunérateurs et moralisateurs ; l'ouvrier se moralisant, laborieux, tempérant, honnête, bonnes mœurs, plus de misère, bien-être général ; respect mutuel, inimitiés éteintes, plus de querelles, peu de procès, enfin, exacte observation des lois, respect sincère aux autorités, amour de la patrie, dévouement absolu à l'indépendance nationale.

A l'extérieur, plus de guerres ; — attendu que chaque nation a le droit de se donner le gouvernement qui lui convient, et quoique nos sympathies soient pour le système démocratique, néanmoins nous respecterons également tous les gouvernements, n'intervenant en rien dans leurs affaires intérieures ni extérieures, toutes les fois que notre sécurité, nos véritables intérêts ne seront point en péril. Nos relations avec tous, seront éminemment bienveillantes, amicales et surtout pacifiques, nous mettrons le plus grand soin à ne porter nul ombrage, à ne donner aucun sujet de défiance, d'inquiétude ni de crainte à personne ; nous serons toujours disposés à offrir nos bons offices à nos voisins et autres.

Pourtant, pour la sûreté de notre indépendance et afin d'être garantis contre les injustes aggressions des conquérants, qui sont, je crois, les êtres les plus dangereux qui existent, la plus vulgaire prudence exige que nous soyons sur un pied militaire respectable, quoique tout à fait inoffensif.

Cette précaution raisonnable, nécessaire, étant prise, en aucun cas, nous ne chercherons à dominer, à nous faire craindre de nos voisins, mais au contraire, nous nous appliquerons à nous en faire estimer, à leur inspirer la confiance que mérite une nation qui ne désire, ne veut en se gouvernant elle-même, qu'être en paix avec tout le monde, et par la liberté, le travail, les bonnes mœurs, acquérir la plus grande somme de bonheur possible ; enfin, par notre exemple, contribuer peut-être à la prospérité de tous les peuples.

Voilà la perspective encourageante que nous offre la pratique sincère du système démocratique.

Depuis longtemps on dit : Que la nation française est la plus intelligente de toutes, qu'elle marche à la tête du progrès, de la civilisation, de l'humanité, c'est beau tout cela ; mais il ne suffit pas de le dire, il faut le prouver.

Eh bien, en ce moment, nous sommes au pied du mur ; bientôt on verra si nous marchons en avant ou en arrière. Je reproduis l'axiome de Montesquieu et je suis ici de son avis : «Les nations ont toujours le gouvernement qu'elles méritent»; effectivement si la République périssait dans nos mains, ce serait par notre faute, c'est que nous ne serions pas capables d'en faire l'application, nous ne serions pas dignes d'être des hommes libres, nous ne mériterions pas cette grande destinée. Mais non, la République démocratique sera fondée, elle vivra, et notre renommée, un peu anticipée peut-être, sera justifiée.

CITOYENS FRANÇAIS,

Nous sommes à l'entrée de la voie qui conduit à toutes les grandeurs humaines. Toutes les nations ont les regards fixés sur nous, et pour nous imiter, pour nous suivre, attendent que nous inaugurions l'ère régénératrice du monde : le règne de la paix, de la liberté, de la raison et de la vertu. Nous réaliserons cette grande espérance des peuples, nous remplirons notre tâche sublime, nous serons les pionniers de l'avenir, nous poserons les fondements de l'édifice européen. Enfin, nous serons la pierre de l'angle contre laquelle viendra se briser le glaive des oppresseurs. C'est alors, alors seulement, que nous serons la nation modèle, et que nous aurons bien mérité de l'humanité.

**Intelligence, Persévérance, Vertu.**

LEVASSEUR (Jules).

FIN.

# OBSERVATIONS.

La tâche que je m'étais imposée et qui était passablement ardue pour moi, est terminée, Dieu merci. On conviendra si on veut, qu'avec si peu d'érudition, il m'a fallu un certain courage.

Il est vrai que j'ai celui que donne une conviction profonde et un dévouement absolu à ma patrie. Cependant, quoique l'amour de la vérité prime chez moi toute autre considération, surtout lorsque la vérité est dite, non-seulement avec l'intention de ne nuire à personne, mais au contraire d'être utile à tous, il m'en a coûté de dire certaines choses, parce que j'en prévois les conséquences et la récompense qui m'en reviendra, à savoir :

Les sarcasmes des savants, des dissidents, les outrages et les calomnies de ceux que peuvent atteindre ces vérités. J'aime à croire que les uns et les autres sont en petit nombre. En retour, j'aurai peut-être l'assentiment des gens sensés et honnêtes.

Si cette consolation me manquait, ce serait encore plus déplorable pour la société que pour moi. Enfin, quoi qu'il arrive, je me suis fait l'application de cette maxime :

**Fais ce que dois, advienne que pourra.**

Le lecteur remarquera sans doute, que dans ce petit ouvrage il est des considérations que j'ai répétées ; mais c'est à dessein, ce sont celles qu'il importe le plus de remarquer, et sur lesquelles j'ai cru devoir insister.

Du reste, je sais que ce travail est très-imparfait sous tous les rapports ; on me le pardonnera, je crois, eu égard à mon incapacité involontaire ; après tout, j'ai fait ce que j'ai pu pour le bien ; si je me suis trompé, ce n'est pas ma faute.

15 mai 1873.

LEVASSEUR (Jules),
ouvrier passementier à Beaumont-
sur-Oise, rue des Veaux, 22.

VERSAILLES, 69, RUE DU PLESSIS, CERF & FILS, IMPRIMEURS DE LA PRÉFECTURE.

www.ingramcontent.com/pod-product-compliance
Lightning Source LLC
Chambersburg PA
CBHW061127050726

47594CB00005B/2129